NORMAS GERAIS
PARA OS
TRABALHOS DE GRAU

Segismundo Spina

Professor Emérito da Universidade de São Paulo

NORMAS GERAIS PARA OS TRABALHOS DE GRAU

Um Breviário para o Estudante de Pós-Graduação

Ateliê Editorial

Direitos reservados e protegidos pela Lei 9.610 de 19 de fevereiro 1998.
É proibida a reprodução total ou parcial sem a autorização,
por escrito, da editora.

Copyright © 2003 Segismundo Spina

1ª ed. – Livraria Fernando Pessoa
2ª ed. – Editora Ática
3ª ed. – Editora Ática
4ª ed. revista – Ateliê Editorial

ISBN – 85-7480-108-9

Direitos reservados à
ATELIÊ EDITORIAL
Rua Manoel Pereira Leite, 15
06709-280 – Cotia – SP – Brasil
Telefax: (11) 4612-9666
www.atelie.com.br   e-mail: atelie_editorial@uol.com.br

Foi feito depósito legal
Printed in Brazil
2003

Sumário

Prefácio 9

Algumas Definições 13

Planejamento do Trabalho 21

As Fontes 27

O Fichamento 37

As Partes da Tese 47

A Estrutura Idiomática do Trabalho 53

Recomendações Finais 61

A Técnica Bibliográfica 69

   Normas para a Citação e para a Referência
     Bibliográfica de Rodapé 76
     I. *Abreviaturas e termos correntes na*
     citação bibliográfica 76
     II. *Transcrições* 78
     III. *Notas de rodapé* 79

Convém Ler 83

Bibliografia Consultada 87

PREFÁCIO

Uma preocupação que infelizmente só nos assalta na idade madura é a de conhecer a metodologia da pesquisa, o planejamento do trabalho intelectual, hábito que devíamos vir adquirindo desde os primeiros anos dos cursos de graduação na Universidade. Entretanto – verdade seja dita – ninguém nos ensina. Nos programas de Língua e Filologia Portuguesa, em nível de graduação, há dois anos vimos pondo em experiência uma disciplina, em caráter optativo, denominada "Metodologia do Trabalho Científico", em que os alunos se adestram no conhecimento da arte dissertativa e das técnicas elementares do trabalho intelectual. A experiência vem confirmando a eficácia da iniciativa, cujo alcance consiste numa propedêutica antecipada dos futuros cursos de pós-graduação.

Via de regra, integralizados os créditos em disciplinas e atividades programadas (pesquisa) ao fim de três anos, o pós-graduando ainda não definiu nem a faixa de estudos de sua predileção. Não raro é o orientador que se vê na ingrata situação de propor um tema de tese para o seu orientando, quando o ideal devia ser o contrário. Não é de estranhar também a alergia sistemática do aluno pelo conhecimento de técnicas de trabalho, conhecimento que exige toda uma preparação inicial à base de leitura de uma bibliografia atinente à metodologia do trabalho universitário. E a coisa acaba indo ao sabor da execução espontânea, ametódica, feita à maneira tradicional dos velhos cadernos de apontamentos, à custa das duas ou três bibliotecas existentes no local de trabalho, e à mercê das idiossincrasias pessoais, porque a técnica do fichamento – por exemplo – é uma "coisa muito chata e muito complicada". É assim que pensa e age o nosso aluno.

Sem a aquisição dos hábitos exigidos pela pesquisa científica, é inútil pensarmos na realização de uma carreira universitária, seja ela nas ciências ou nas humanidades.

Pensando nesse mínimo que o estudante de pós-graduação precisa conhecer, foi que tentamos esboçar, de modo sumário, um conjunto de noções indispensáveis ao vestibular do trabalho de grau. É quase o fruto de nossa experiência no ensino universitário e na participação de várias dezenas de bancas examinadoras. É evidente que os alunos de pós-graduação que pretendam uma informação mais ampla (por exemplo acerca dos níveis de conhecimento, dos tipos de planos na investigação, das qualidades do trabalho científico, dos tipos de pesquisa, dos processos do método científico, da técnica da leitura, dos resumos, da organização do fichário etc. etc.), deverão procurar obras especializadas, que em língua portuguesa ou espanhola muitas há e excelentes. Recomendamos, a título de exemplo, a leitura da obras de

Cervo e Bervian, de Asti Vera, de Ângelo Domingos Salvador, de Huáscar Taborga, de Luís Rey, de Délcio Vieira Salomon, de Silva Rego, de Gaston Litton – para só citarmos algumas –, cujos títulos constam da Bibliografia final deste trabalho.

Oxalá os alunos tenham a resignação necessária para vencer esse conhecimento prévio, que nem os gênios podem dispensar.

São Paulo, maio de 1983.

Algumas Definições

Nos cursos de pós-graduação já se vem acentuando a diferença entre *tese* e *monografia*, dissertações reservadas para níveis diferentes: esta, de mestrado; aquela, de doutoramento. A diferença está subentendida, ainda que não esteja expressa nos regulamentos e nas resoluções das comissões encarregadas desses cursos. Aceita-se a distinção, mas no fundo poucos sabem discernir com precisão os limites e o alcance dessas duas modalidades de dissertação de grau. Os autores, especialistas em metodologia do trabalho universitário, também não são concordes na conceituação dos dois termos, havendo mesmo quem atribua à monografia um significado amplo, isto é, denomine com este termo qualquer tese, dissertação ou relatório científico.

Somos de parecer que ambos os termos diferem entre si formal e substancialmente, não obstante em princípio admitamos que para um doutoramento o candidato possa apresentar-se com uma monografia, ou para mestrado com uma tese.

Costumam dizer que, enquanto a monografia se constitui substancialmente de um *tema*, a tese tem como núcleo uma *proposição*; que o tema da monografia, em si, não se discute, ao passo que é discutível a proposição da tese; que a monografia tem por fim divulgar conhecimentos, e a tese por objetivo demonstrar com provas e argumentos a proposição que se defende; e que, portanto, se o corolário lógico da tese está nas conclusões, estas podem ou não figurar numa monografia. Realmente estão aí as linhas gerais que estremam as duas formas de trabalho intelectual ou científico.

A monografia consiste no estudo particular e profundo de um autor, de uma obra, de um gênero, de uma época, de uma instituição, de um fenômeno de qualquer ordem etc.

Um estudo completo ou uma *mise au point* de determinado assunto redunda sempre numa monografia, nunca numa tese. Suponhamos que alguém procurasse estudar a novela sentimental na literatura portuguesa do século XVI. Faria uma monografia. Entretanto, se pretendesse demonstrar que a novela erótico-sentimental do renascimento português constitui uma derivação da novela feminista bocaciana – da *Fiammetta*, por exemplo –, estaria fazendo uma tese. Na monografia o que está em primeiro plano é o assunto; na tese, o que está na linha de frente é aquilo que se afirma ou defende em relação a esse assunto; o assunto, na tese, poderá ser abordado de maneira superficial ou tangencial; na monografia o assunto tem que ser tratado em toda a sua extensão e plenitude.

O que se sabe a respeito da Filologia no Brasil? Procederíamos a um levantamento de todos os trabalhos filológicos de autores nacionais, uma ordenação cronológica dos mesmos, uma exposição dos aspectos relevantes ou da contribuição da Filologia para a cultura luso-brasileira, uma atualização enfim do assunto – e teríamos uma monografia; poderíamos até expender, ao longo do nosso trabalho, juízos de valor sobre essas contribuições etc. – e teríamos uma monografia crítica.

O mesmo se verifica em outros ramos do conhecimento: suponhamos que alguém desejasse compilar tudo que se escreveu a respeito do câncer ou da meningite; e nesse estudo expusesse o que há de mais moderno sobre o assunto, sistematizando a exposição, isto é, fazendo um histórico do problema e das pesquisas até então realizadas, da etiologia, do diagnóstico, das terapêuticas mais atuais, dos resultados estatísticos etc.; estaria fazendo uma monografia. Mas se o seu intuito fosse demonstrar, com relação ao câncer por exemplo, que o monóxido de carbono não exerce papel algum na formação das neoplasias, a sua dissertação seria uma tese. Uma exposição completa, por exemplo, sobre a Peste Negra na Europa medieval, será sempre uma monografia; se tentarmos provar que ela foi a responsável pela aparição do diabólico na arte e na poesia da Idade Média, estaremos no domínio da tese. Teófilo Braga teria realizado uma simples monografia com a sua dissertação sobre os forais portugueses medievais, se não tivesse em mira conceituar esse tipo de documento. O autor coloca, numa página frontispicial, o argumento de sua tese:

"Seriam os forais direito municipal, administrativo, lei civil ou simplesmente um privilégio?" Mas o seu trabalho é também uma exposição de caráter monográfico porque na época se constituiu num estudo exaustivo e profundo a respeito da legislação foraleira medieval.

Os objetivos de uma tese, pois, não se confundem com os objetivos da outra; ambas têm alcances diferentes; e uma tese pode ser – como no caso acima – uma tese e uma monografia ao mesmo tempo; a recíproca é que não é verdadeira. Normalmente a tese nasce da pesquisa monográfica, pois a coleta e sistematização dos dados de certo assunto pode suscitar a colocação de um problema.

Há certas ciências ou disciplinas do conhecimento que dificultam a formulação de uma tese. É o caso da língua, por exemplo. Clóvis Monteiro apresentou, em 1933, para concurso no Colégio Pedro II, um trabalho intitulado *A Linguagem dos Cantadores* (*Contribuição para o Estudo do Português Popular no Nordeste do Brasil*). Fez um levantamento do vocabulário, estudou as tendências fonéticas, a morfologia e a sintaxe dessa linguagem. Que fez ele? Mera constatação, mera monografia – que se chama "contribuição" (*Beiträge* – em alemão). Não é tese. Mas se Clóvis Monteiro pretendesse, através desse estudo, demonstrar que todas as estruturas sintáticas constituem uma sobrevivência da linguagem popular dos séculos XV e XVI, estaria no terreno da tese. O tema da monografia é *genérico* (estudo lexical, morfológico, sintático, fonético etc.); o tema da tese é *específico* (colocação de uma verdade demonstrável). Trabalhos como "O Aspecto Verbal em Português", "As Perífrases de Infinitivo na Língua Portuguesa", "O Dialeto Caipira da Região de Piracicaba", "A Preposição *de* na Língua Portuguesa", "As Subordinadas Adverbiais nas Línguas Românicas", "O Sistema Pronominal no Português Arcaico", bem como os de enunciados semelhantes na investigação lingüística (por exemplo: "A Realidade Fonológica no Português do Brasil", "A Nasalidade nas Línguas Africanas" etc.), dificilmente podem ser considerados teses, pela natureza genérica do seu tratamento e pela ausência de uma proposição discutível.

O que sucede com a língua, com a Filologia e com a Lingüística, sucede com as teses de literatura. Via de regra não são teses, mas monografias. Isso explica-se pelo fato de nas dissertações de literatura a proposição não oferecer transcendência. A edição crítica de um texto literário qualquer, realizada segundo todos os procedimentos mais modernos da ciência edótica, não pode de forma alguma ser classificada de tese, senão de monografia. A pesquisa monográfica, ainda que aqui envolva aspectos interpretativos na sua exposição, dificilmente ultrapassa a área da mera investigação. Suponhamos alguém que pretendesse estudar o epíteto nos sermões de Vieira; ou os processos de intensificação na linguagem poética medieval; ou a figura do parvo na obra dramática de Gil Vicente; ou o amor cortês na obra de Quevedo; ou o amor-paixão na novela camiliana; ou as leituras filosóficas de Camões; ou ainda pretendesse estudar a imagem do rico-homem na sátira medieval portuguesa: sem dúvida, nenhum desses estudos transcenderia os limites da investigação, da coleta de dados, discutíveis aqui e ali na sua colocação, na maneira de ver ou interpretar determinados aspectos da questão. A tese nasce a partir do momento em que procuramos colocar uma proposição, um problema discutível na sua essência ou nos termos em que está formulado. Monografias há que estão eivadas de interpretações, de conclusões inteligentes, mas o seu objetivo não foi esse. É a falta de transcendência dessas conclusões que impede muitas vezes caracterizar o trabalho como tese. Suponhamos que, no estudo do epíteto no sermonário de Vieira, pretendêssemos mostrar que a sua natureza se explica pelo intuito exclusivo de criar a surpresa, ou que a sua posição na frase seja determinada por fatores rítmicos: estaríamos já diante de uma tese, mas de uma tese cuja proposição não tem transcendência. Entretanto, se com a análise das leituras, ou passagens filosóficas de Camões procurássemos mostrar que o Poeta não teve um conhecimento direto da obra de Platão, mas que o conheceu apenas através das obras dos neoplatônicos da Alta Idade Média ou do neoplatonismo de Marsilio Ficino (século XV), a proposição que se coloca já apresenta transcendência; como apresentaria se, no estudo do amor na poesia medieval (monografia), pretendêssemos demonstrar que a erótica medieval entronca na primitiva noção da *caritas* cristã (tese). A tese ultrapassa a fase da mera constatação (interpretativa ou não – isso não importa) – objetivo da monografia; o que não impede que esta possa constituir-se num estudo mais profundo do que a própria tese. Não há, portanto, relação alguma entre o tema da monografia e a extensão e profundidade do seu tratamento.

A suposição de que a monografia é um estudo que se situa nos limites materiais de 80 a 100 páginas, ou de que a tese já é um trabalho de maiores proporções, é tão sem fundamento como dizer que a novela é uma narrativa de 100 a 120 páginas, ao passo que o romance dela se distingue porque as suas dimensões são maiores – portanto de 200 páginas ou mais. Uma tese – bem feita, é claro – pode apresentar 100 ou 120 páginas; nada impede que, por outro lado, uma monografia atinja a casa de duas ou mais centenas delas. Ainda recentemente, na Faculdade de Letras de Coimbra, defendeu sua tese de doutoramento em Filologia Românica o Prof. Aníbal Pinto de Castro, intitulada *Retórica e Teorização Literária em Portugal. Do Humanismo ao Neoclassicismo* (Coimbra, Centro de Estudos Românicos, 1973). Diz o Autor no seu Prefácio:

> [...] empreendi paciente exploração de numerosos textos manuscritos e impressos [...] e procurei simultaneamente determinar as suas raízes, de modo a estabelecer uma sucessão de planos sincrônicos que, no seu conjunto, permitissem reconstituir a evolução do gosto literário em Portugal, em conexão com o pensamento estético europeu (p. X).

Ainda que o objetivo tenha sido esse, o seu trabalho enquadra-se, pela sua natureza, na linha da monografia. As "Conclusões" finais são de vária espécie, frutos de sua longa peregrinação através do pensamento retórico português dos três séculos clássicos. O caráter exaustivo do seu estudo, tornando-o profundo e rico nos seus aspectos interpretativos, é a marca da monografia crítica. E uma monografia – veja-se bem – que ultrapassa a casa das 700 páginas...

A tese, portanto, coloca uma proposição, que é discutível e provável; e só se discute e se prova com a dialética da argumentação, através de raciocínios. Por mais profunda que seja a demonstração do tema proposto, não tem ela em mira esgotar o assunto – característica da monografia; daí a definição clássica de tese, e, como clássica, sempre válida: a tese é uma dissertação escrita, que consiste em apresentar um problema ou conter uma idéia demonstrável (*proposição*) e que se submete a discussão ou prova.

Para finalizarmos: é necessário ainda que distingamos entre *monografia* e *ensaio*, realidades tão diferentes quanto o são a monografia e a tese. O ensaio, se algumas vezes oferece alguns pontos de contato com a monografia e a própria tese, apresenta características essenciais que não se encontram nas duas e vice-versa. O que está em primeiro plano no ensaio não é o tema, não é o tratamento exaustivo do mesmo visando à atualização e divulgação (próprias da monografia), mas a maneira eminentemente pessoal como o tema é tratado. Se o caráter crítico constitui a verdadeira essência do ensaio, na monografia ele pode existir mas não necessariamente. E nisso o ensaio mantém a sua herança etimológica (de *exagium*, isto é, avaliação numismática, exame do valor das moedas). A pessoalidade, o caráter crítico, a tentativa de compreensão pessoal, original, são as marcas do ensaio. O ensaio é um esforço constante, autônomo, original, crítico, ginástico e experiencial do intelecto. O ensaio pode ser polêmico, provocador de idéias (aspecto socrático), exercício lúdico do pensamento, irônico, defensivo – qualidades que não encontramos na monografia. "O que caracteriza o ensaio é o auto-exercício do espírito que põe em jogo as suas faculdades críticas dentro da mais ampla liberdade discursiva" – diz Sílvio Lima no seu livro sobre os *Ensaios* de Montaigne e o ensaísmo em Portugal (*Ensaio sobre a Essência do Ensaio*, p. 134). Daí ter sido o ensaio um fruto do Renascimento, como a "réplica da criação da vida livre sobre a ruína do autoritarismo" (*idem*, p. 135).

PLANEJAMENTO DO TRABALHO

O planejamento de um trabalho de grau (monografia ou tese, especialmente esta última) normalmente compreende três etapas:

1. Heurística: consiste na busca de um tema, na pesquisa bibliográfica e na coleta de dados;
2. Projetiva: consiste no registro dos dados (fichamento) e numa arrumação provisória do material fichado;
3. Executiva: compreende a elaboração do trabalho.

1. Etapa heurística. Nesta fase o postulante inicia por uma demarcação do assunto (campo) e dentro dele situa o tema de sua predileção (delimitação do tópico), procurando fixar todos os aspectos pertinentes ao tema escolhido.

É óbvio que a escolha do tema deva estar ligada intimamente ao interesse, à capacidade do postulante – por um lado; por outro, a escolha só será adequada se houver possibilidades gnosológicas e temáticas. O interesse consiste na aptidão especial que tem o postulante para aquele tipo de trabalho; jamais devemos realizar um trabalho por dever de ofício, pois será ele inevitavelmente desastroso. Gostar do campo a ser investigado, sentir que dispõe de qualidades e certo grau de conhecimento ou alguma experiência sobre a matéria e o tema, bem como verificar se há uma relativa variedade de fontes de conhecimento e condições de acesso às mesmas fontes, são, pois, os requisitos indispensáveis para a elaboração de um bom trabalho.

Exemplificando: eu pretendo realizar um trabalho sobre o teatro vicentino (*campo*); quem sabe um estudo sobre as personagens de uma classe: as do foro (delimitação do tópico, ou *tema*). Para o estudo dos homens do foro, procedo a uma leitura superficial da obra vicentina, tentando fixar as peças onde as pessoas dessa classe figuram (corregedores, juízes, procuradores, meirinhos, ouvidores, beleguins, alcaides etc.), localizando nelas as passagens pertinentes. Por acaso conheço um trabalho sobre os caracteres da dramaturgia vicentina, intitulado "An Index to the Characters in the Dramatic Works of Gil Vicente" da autoria de Gerald M. Moser (Sep. de *Studies on the Latin American Theatre, 1960-1969*, fall, 1969 & spring, 1970, pp. 19-48), em que o Autor apresenta uma lista de todas as figuras vicentinas (pela classe, ocupação, idade), discriminando-as pela concepção (*1.* humanas, terrenas, históricas; *2.* ideais, fantásticas, novelísticas, alegóricas, mitológicas; *3.* religiosas, divinas, devotas); pela procedência (de Lisboa, da Beira, da Grécia etc.); pela língua (português, castelhano); pela extensão de seu papel dentro da peça e pelas peças em que as figuras aparecem. Tal trabalho facilita, evidentemente, a fixação do campo a ser investigado.

Para formar uma idéia inicial da natureza e da amplitude do meu tema, tento fixar em seguida tudo que se relacione com ele ("os homens do foro"), isto é, procedo a um recenseamento de toda a adjetivação das personagens, sua forma de comportamento (atitudes, gestos, idéias, reações, maneiras de pensar, linguagem, trajo etc.). Com isto já posso fixar uma noção preliminar muito importante: os processos de que lança mão o autor para a caracterização das suas personagens. (Posteriormente, quando a minha indagação penetrar mais fundo no problema e o meu tema tiver sido fecundado por sugestões das minhas fontes de trabalho, estarei em condições de verificar algum tipo de ocorrência nessa caracterização, e deduzir daí a proposição da minha tese.)

Feito isto, parto para uma bibliografia geral acerca da obra vicentina (*bibliografia de campo*) e uma bibliografia específica (*bibliografia de tema*), isto é, para uma pesquisa das fontes informativas. Começo pelas fontes amplas de informação – como dicionários especializados, enciclopédias, manuais, tratados; vou para as publicações periódicas (revistas), se pretendo estudos atualizados e recentes; muitas vezes as revistas oferecem recensões e resenhas de trabalhos recentemente publicados, que podem interessar ao meu estudo. Um exame das citações de rodapé dos livros muitas vezes propicia o encontro de fontes preciosas. Termina aqui a minha pesquisa.

2. *Etapa projetiva*. Nesta segunda fase, já disponho de todo o material documental para a tese. De posse, então, da bibliografia, matéria-prima da investigação (pois ninguém realiza um trabalho intelectual *ab ovo*), inicio a sua leitura, visando com ela à coleta e registro dos dados necessários para

o meu trabalho. Esta fase da etapa projetiva é comumente conhecida como *fichamento*, técnica de trabalho altamente necessária, sem a qual teremos imensas dificuldades de realizar a execução final de nossa tese. Para as fichas serem compulsadas, preciso dispô-las num *fichário*. A arrumação do material fichado – vamos sentir desde logo – vai espontaneamente me conduzindo para uma ordenação provisória das partes do trabalho, bem como para um método a ser seguido posteriormente na sua elaboração. Nasce, portanto, o projeto inicial da estrutura e dos procedimentos metodológicos da tese, que poderão ser revistos ou corrigidos na terceira etapa. Não vemos desdouro algum se, na dificuldade de encontrarmos nós mesmos um método a seguir, procurarmos ler trabalhos similares, para termos uma idéia ou sugestão dos procedimentos metodológicos a serem adotados.

A operação fundamental da etapa projetiva consiste, portanto, no registro dos dados (fichamento das fontes recenseadas), técnica que será desenvolvida mais adiante, de maneira prática e sumária – o suficiente para não entediar o iniciante num trabalho de grau.

3. Etapa executiva. Nesta terceira fase, em que já tenho uma idéia geral dos elementos componentes do meu trabalho, é bem possível que já seja levado a uma revisão do roteiro provisório, eliminando o material supérfluo ou não atinente com o esquema inicial, ou ainda acrescentando outros dados que porventura possam preencher lacunas do trabalho.

Se uma monografia nem sempre se submete a uma partição trinária (Introdução – Demonstração – Conclusões), na tese esta divisão é inevitável. E parto, então, para uma primeira redação da tese, em folhas cujo verso deixo em branco para posteriores acréscimos ou uma redação mais aprimorada de certos parágrafos da minha redação.

Duas noções fundamentais preciso ainda conhecer preliminarmente, se pretendo iniciar a redação do meu trabalho. Uma diz respeito aos componentes das três partes da tese (Introdução – Demonstração – Conclusões) e outra ao aparato bibliográfico da mesma. Devo saber o que figurar substancialmente na Introdução da minha tese, o que deve constituir o seu miolo (Demonstração) e o que deve constar nas Conclusões. Às vezes, se o trabalho contiver um prefácio, devo também distingui-lo da Introdução. O sumário, as tabelas e os apêndices, por sua vez, precisam figurar em lugar adequado.

Para coroar o trabalho com a exposição das fontes consultadas, necessito conhecer um mínimo de técnica bibliográfica, não só para a apresentação da *bibliografia geral* no final do trabalho, mas também para a citação correta das fontes no rodapé do meu texto. Não diremos que se conheça em todas as suas minúcias a técnica da referência bibliográfica, que é realmente especiosa. Para os casos menos ocorrentes ou mais complicados, é bom que se tenham a mão a última versão das normas da Associação Brasileira de Normas Técnicas (ABNT) – *Normalização da Documentação no Brasil*. À falta dela, Cervo e Bervian reproduzem as referidas normas na sua obra *Metodologia Científica*, pp. 108-122, que pode ser adquirida facilmente.

As Fontes

Algumas noções prévias sobre o material documental da tese são necessárias aos futuros investigadores. A etapa heurística do planejamento do trabalho, como vimos, além da busca de determinação do terna, é constituída substancialmente pela pesquisa da documentação. Alguns autores costumam classificar os documentos em *fontes* (documentos originais) e *trabalhos* (documentos a respeito das fontes). Entretanto o termo *fonte* pode ser empregado com a acepção genérica, compreendendo desde os documentos originais, as obras de fundo, até a página de um almanaque (fontes gráficas); a natureza, a sociedade, o homem, podem ser fontes (diretas) de conhecimento, chamadas por isso *fontes de observação*. Delas decorrem respectivamente as ciências naturais, as ciências sociais e as ciências humanas.

O material documental para o trabalho histórico ou literário é constituído fundamentalmente pelas *fontes gráficas*. Estas, *do ponto de vista formal*, podem ser:

I. BIBLIOGRÁFICAS

    1. *Impressas*

      A) MAIORES

        a) obras de referência

        b) obras de estudo

      B) MENORES: publicações periódicas, impressos.

    2. *Manuscritas*: códices, apógrafos, autógrafos.

II. ICONOGRÁFICAS: películas, microfilmes, diapositivos, foto-
grafias, pinturas, retratos, gravuras, gráfi-
cos etc.

III. FONOGRÁFICAS: discos, cintas e fios magnetofônicos, isto
é, qualquer tipo de gravação sonora.

Vemos, então, que as fontes impressas maiores podem classificar-se em:

A. OBRAS DE REFERÊNCIA

    1. Referências informativas: obras de consulta que contêm informações:
  - dicionários, léxicos, glossários, enciclopédias, anuá-
rios, almanaques etc.

    2. Referências remissivas: obras de consulta que remetem para outras fontes:
  - catálogos: sistemático ou metódico; alfabético por au-
tores; alfabético por assuntos; alfabético dicionário (síntese dos três anteriores).

B. OBRAS DE ESTUDO

  - tratados, manuais, textos, compêndios, monografias, teses, ensaios, conferências, antologias, seleções, dissertações etc.

Por outro lado podemos fazer uma *classificação editorial* das fontes gráficas bibliográficas:

1. Edição crítica. Aquela em que se procura estabelecer, ou melhor, restabelecer o texto original de um autor, cuja obra nos chegou adulterada por erros, omissões e interpolações. Uma edição crítica difere de uma edição comentada em que esta parte de qualquer texto para comentá-lo com notas elucidativas e interpretativas; a edição crítica oferece um texto apurado, segundo as leis e as normas da crítica textual (Edótica).

2. Edição princeps (ou príncipe). É a primeira edição de um livro, tratando-se especialmente de obras antigas.

3. Edição ne varietur. É a edição definitiva, isto é, que já não pode sofrer variações.

4. Edição paleográfica. É aquela que reproduz um manuscrito antigo, tão fielmente como se fora uma fotografia; cópia perfeita e completa do original, na grafia, nas abreviações, nas ligaduras, em todos os seus sinais e caracteres específicos, inclusive nos seus erros. Numa edição paleográfica, por exemplo a monumental edição do *Cantar do Cid* realizada por Ramón Menéndez Pidal, são utilizados certos processos químicos e físicos, à base de reativos e luzes especiais, para restaurar do manuscrito as passagens ilegíveis, corrompidas ou delidas, bem como para detectar certas particularidades do manuscrito, que a reprodução fac-similar não denuncia: redação primitiva, correções introduzidas por revisores subseqüentes, as tintas utilizadas, a sobreposição de duas escritas etc.

5. Edição ad usum Delphini. Edição feita para uso dos Delfins; trata-se das célebres edições dos clássicos latinos mandadas preparar por Luís XIV para leitura do Delfim de França, portanto expurgadas de tudo quanto fosse considerado incompatível com a educação do jovem. Hoje usamos da expressão, com sentido irônico ou depreciativo, quando nos referimos a edições incompletas, mutiladas por preconceitos (como a edição d'*Os Lusíadas* de Otoniel Mota ou a dos Maristas, FTD, que eliminam o episódio da Ilha Enamorada) ou censuradas segundo critérios nem sempre esclarecidos ou imparciais.

6. Edição diplomática. É a reprodução fiel de um manuscrito antigo, que apenas difere da *paleográfica* pelo fato de não utilizar reativos para restauração do texto. A edição diplomática vem geralmente acompanhada dos *fac-similes* da obra. Hoje a importância das edições diplomáticas encontra-se reduzida, em virtude dos processos fotomecânicos de reprodução de documentos.

7. Edição fac-similar. É a que reproduz fielmente o manuscrito ou texto de uma edição original, inclusive quanto ao formato, tipos, papel, margens, ilustrações etc., valendo-se de meios de reprodução fotomecânica ou de tipografia. O *fac-simile*, entretanto, não reproduz obrigatoriamente a cor e o tamanho do original.

8. Edição modernizada. Trata-se da reprodução de um texto antigo segundo padrões ortográficos e lingüísticos modernos. Para a crítica literária estas edições não têm valor algum. Difere de uma edição atualizada em que esta é via de

Normas Gerais para os Trabalhos de Grau

regra obra científica ou de estudo, modificada de acordo com as mais recentes aquisições e progressos na matéria.

9. Edição anastática (ou impressão anastática). É a reprodução através de transportes químicos, de uma edição ou gravura. O exemplar para cópias sofre um tratamento químico especial e depois é transportado, por decalque, no zinco, para tiragem tipográfica. As grandes obras do século passado estão sendo reeditadas assim. Ainda recentemente saiu uma edição anastática do *Cancioneiro da Ajuda*, de Carolina Michaelis. Hoje há organizações editoriais especializadas nesse tipo de reprodução, como a Slatkine Reprints de Genebra, especializada na reimpressão de obras raras ou de difícil reedição com os recursos tipográficos de que dispomos.

10. Edição variorum. Trata-se de edição de autor clássico, acompanhada das notas de vários comentadores. A denominação é redução da expressão latina *cum notis variorum*, isto é, com notas de diversos autores.

As fontes, *do ponto de vista axiológico*, isto é, tomando-se em conta o seu valor, podem ser classificadas ainda em:

A. *Fontes Primárias.*
B. *Fontes Secundárias.*

Documento primário é a própria fonte original; nesse caso a fonte está ligada diretamente ao objeto estudado. Documentos secundários são aqueles que trazem informações que eles mesmos colheram em fontes. A certidão de nascimento de Fernando Pessoa, bem como toda a documentação do Poeta na África do Sul são consideradas fontes primárias para o estudo de sua biografia; os trabalhos de Hubert Jennings e a obra de João Gaspar Simões (*Vida e Obra de Fernando Pessoa: História de uma Geração*, Lisboa, Bertrand, 1951, 2 vols.), ou o trabalho monumental de Alexandrino Eusébio Severino (*Fernando Pessoa na África do Sul*, Marília, ALFA, *15*: 1-118, 1969; *16*: 15-201, 1970) são fontes secundárias. As fontes primárias, também chamadas *diretas*, remontam à época dos fatos que estamos estudando; as secundárias, ou *indiretas*, remontam a épocas posteriores. Há fontes secundárias, que, pelo fato de não dispormos de documentos primários, possuem o mesmo valor das fontes originais. Os Cancioneiros da poesia galego-portuguesa (séculos XIII-XIV), mandados compilar pelo humanista italiano Angelo Colocci (séculos XV-XVI) – *Cancioneiro da Biblioteca Nacional de Lisboa*, ou melhor, *Cancioneiro de Colocci-Brancuti* e *Cancioneiro da Vaticana* –, distam um século e meio daquela produção poética. No entanto possuem eles o mesmo valor que o *Cancioneiro da Ajuda*, cuja redação é contemporânea daquele movimento literário, isto é, situa-se entre 1279 e 1379. Se alguém pretendesse realizar um estudo sobre a legislação foraleira na Idade Média portuguesa, teria como fontes primárias os próprios forais, que vêm transcritos nos *Portugaliae Monumenta Historica* de Alexandre Herculano (obra de fundo); e como fontes secundárias, obras capitais como a tese para "Conclusões Magnas", defendida por Teófilo Braga, *História do Direito Português: Os Foraes* (Coimbra, Imprensa da Universidade, 1868), ou a obra monumental de Henrique da Gama Barros, *História da Administração Pública em Portugal nos Séculos*

XII a XV (5 volumes na 1ª edição, 1885-1923, 11 volumes na 2ª, 1945-1954). As testemunhas dos fatos são consideradas fontes primárias; já os informes de pessoas que conversaram com as testemunhas dos fatos são considerados fontes secundárias.

Para a elaboração de um trabalho científico, só usaremos as fontes secundárias (de *apud*) quando não dispomos das primárias (as desejáveis). Se eu pretendo realizar algum trabalho sobre a lírica luso-galega medieval, devo partir das fontes originais – que são os cancioneiros em edições diplomáticas ou críticas, ou dos próprios códices manuscritos –, nunca de antologias, florilégios ou crestomatias (ainda que em edições comentadas).

Relativamente às fontes bibliográficas ainda costumamos denominá-las *de primeira mão* ou *de segunda mão*, sobretudo nos casos de obras traduzidas. Daí a necessidade de conhecermos os idiomas fundamentais, se quisermos trabalhar com bibliografias de primeira mão. Uma tradução é sempre perigosa como fonte. Quando desconhecemos o idioma original, devemos ter a cautela de partir de traduções feitas por especialistas ou de edições críticas – se se tratar de textos literários ou filosóficos. Se eu desconheço o grego e desejo realizar um estudo acerca dos diálogos platônicos, procuro servir-me da tradução dos mesmos diálogos feita pela Association Guillaume Budé; se pretendo um trabalho sobre os poemas épicos homéricos, devo utilizar-me das traduções feitas por Victor Bérard; se de Aristóteles, procuro as traduções feitas em 1923 por J. A. Smith e W. D. Ross, em 11 volumes, conhecidas sob o nome de *Oxford Translation* etc.

Quando trabalhamos com documentação manuscrita, que é geralmente inédita, devemos ter também um comportamento crítico perante os mesmos documentos. Tanto em História como em Literatura, a compulsação de textos manuscritos exige uma análise e crítica prévias. Uma crítica de caráter *externo*, que consiste numa análise do texto, na determinação de sua autenticidade e na verificação de sua originalidade, isto é, procuramos ver se o texto é autógrafo do autor que presumimos, se foi escrito para ser publicado, se se trata de um apógrafo (cópia) ou de uma cópia de cópia, se o texto não seria falso ou fruto de mistificação, qual será a época de sua redação etc.; e uma crítica *interna* (crítica hermenêutica), em que procuramos interpretar o texto e avaliá-lo. Daqui decorre um procedimento axiomático: devemos situar-nos na época do texto, impregnarmo-nos do espírito dessa época e do meio em que o mesmo foi escrito, para o compreendermos na sua profundidade.

Para finalizarmos, chamamos a atenção para um pequeno problema pertinente à documentação: o da *localização das fontes*. A documentação, publicada ou inédita, via de regra é procurada em bibliotecas e livrarias; não raro precisamos recorrer a professores e especialistas (que a possuem), ou a instituições especializadas (que providenciam a sua reprodução, filmagem e até tradução). Daí a conveniência de prepararmos uma *nomina* de professores e especialistas, de estudiosos e *experts* do assunto, ou mesmo de instituições para, através deles, conseguirmos sugestões de títulos de obras ou mesmo indicações preciosas acerca da localização de certos documentos. Em algumas escolas superiores existem con-

Normas Gerais para os Trabalhos de Grau

sultores de teses, que podem subministrar informações valiosas a respeito da matéria. Se a biblioteca da instituição não dispõe das fontes que procuro, a localização das mesmas poderá ser feita através dos *Catálogos Coletivos*, registros gerais dos acervos de todas as bibliotecas, regionais ou nacionais. O *Catálogo Coletivo de Livros* da região de São Paulo encontra-se no Edifício da Reitoria da Universidade de São Paulo. *O Catálogo Coletivo de Periódicos* encontra-se na Faculdade de Medicina da USP. O *Catálogo Coletivo Nacional* tem sua sede no IBBD – Instituto Brasileiro de Bibliografia e Documentação.

Muitos são os centros de documentação espalhados pelo mundo, que, filiados a sociedades internacionais que se dedicam a assuntos bibliográficos, podem ser consultados para orientação relativa à localização e obtenção de documentos. A obra de Javier Lasso de la Vega, *Manual de Documentación* (Barcelona, Labor, 1969), bem como o livro monumental do mesmo autor *Cómo se Hace una Tesis Doctoral* (2. ed., Madrid, Editorial Mayfe, 1958), fornecem listas exaustivas desses centros internacionais de documentação. (A Biblioteca Geral da USP possui a segunda obra.) Aqui no Brasil temos o IBBD (Instituto Brasileiro de Bibliografia e Documentação), que tem publicado obras importantes, como *Bibliotecas Especializadas Brasileiras; Guia para Intercâmbio Bibliográfico* (Rio de Janeiro, 1962); *Catálogo Coletivo de Publicações Periódicas em Ciência e Tecnologia* (Rio de Janeiro, 1970); e, através da Associação Brasileira de Normas Técnicas, a *Normalização da Documentação no Brasil* (2. ed., Rio de Janeiro, 1964). Pedidos de microfilmes (inclusive para o estrangeiro), de levantamentos bibliográficos em bibliotecas brasileiras, de bibliografias sobre determinados assuntos, de traduções de obras e outros tantos serviços, podem ser solicitados a essa instituição.

O Fichamento

A operação mais importante da etapa projetiva da minha investigação é o *fichamento* da bibliografia pertinente ao tema, isto é, o registro de todo o material que fui assinalando ao longo das leituras realizadas. Toda a economia na execução de um trabalho intelectual depende desta operação, pois só ela nos permite uma visão das partes componentes da minha tese, a sua disposição hierárquica, a sua integridade. Adotando um método de trabalho – uso de fichas ou de folhas soltas (mas de preferência aquelas) –, iniciamos o fichamento das fontes documentais, arquivo que tem por finalidade garantir a memória e suprir as suas deficiências. Não existe memória capaz de reter a bagagem de leituras realizadas, muito menos de sistematizá-las, ordenar as idéias e estabelecer uma síntese.

Dois são os tipos fundamentais de fichas:

A. *Fichas Bibliográficas* (ou *Gráfico-descritivas*)
B. *Fichas de Documentação* ou *Ideográficas.*

Para as primeiras, o formato é o internacional, isto é, 125 x 75 milímetros. A *ficha bibliográfica* apresenta no anverso a referência da obra ou do artigo, com os seguintes elementos:

- Nome completo do autor
- Título do livro, ou do artigo ou ensaio
- A edição
- O lugar, a editora e a data
- A coleção a que pertence e o número
- O número de páginas.

No rodapé, ao lado direito, entre parênteses, colocar a ubicação do livro ou do periódico (quando os mesmos não são de nossa propriedade). No verso da ficha consignamos o sumário, uma síntese crítica do livro e o juízo pessoal, tendo em vista a relação existente entre o livro e o tema do nosso trabalho.

Assim:

A. Anverso

cota arquivística

Mornet, Daniel 214. E79
Comment préparer une dissertation pour la licence ès lettres. Paris, Boivin, 1939. 123 p.
(Le livre de l'étudient)
(Biblioteca Geral da Univers.)

ubicação

B. Verso (no verso da ficha podemos colocar também um *signo valorativo*. Este signo corresponde ao grau de utilidade da fonte, não ao seu valor intrínseco. Convenção:

A – muito útil

B – medianamente útil

C – pouco útil):

> Resenhas: não conheço.
> A obra inclui uma boa bibliografia básica de literatura francesa e vários exemplos literários. Boa colocação do problema do estilo e da composição.
>
> B

Nota: o que está acima do signo valorativo é o conteúdo de interesse; este pode sair do índice ou do sumário da obra em questão.

Outro exemplo:

A. ANVERSO

> BOWRA, C. M.   189.30F
> *Virgilio, Tasso, Camões e Milton* (*Ensaio sobre a Epopéia*). Trad. do inglês por António Álvaro Dória. /Porto/ Liv. Civilização /1950/
> (Centro de Estudos Portugueses)

B. VERSO

> Título do original: *From Virgil to Milton*. Oxford, 1946.
> Resenhas: não conheço. Menção altamente elogiosa de H. Cidade, *Camões Épico*, p. 233.
> A obra, um trabalho altamente pessoal, não apresenta bibliogr. A *Introdução* é um excelente ensaio s/ a poesia épica culta e a oral, com uma análise dos processos típicos de cada forma (pp. 9-41).
> No exame dos 4 poemas épicos, o A. encara muito bem a evolução do conceito de herói, de Homero a Camões.
> III – Camões e a epopéia portuguesa..... pp. 103-153
>
> A ou ‖

Nota: para o signo ‖ ver páginas adiante.

A cota arquivística ou numeração topográfica é muito útil, pois nos permite requisitar a fonte sem perda de tempo.

Vejamos, agora, as *fichas de documentação* ou *ideográficas*. Para estas, é aconselhável um formato maior, isto é, 140 x 90 ou 140 x 105 milímetros. São elas as fichas de apontamentos pessoais das obras lidas, também chamadas *fichas mnemônicas*.

Podemos formular quatro hipóteses quando lemos um livro:

A. *Resumo*
B. *Transcrição*
C. *Avaliação*
D. *Ideação*

A. Fazemos *resumo* da obra quando se trata de fonte de difícil acesso. Terminado o resumo, segue-se o nome do autor, a obra e a página apenas, pois a identificação completa se encontra na ficha bibliográfica. O resumo não vem entre aspas.

B. A *transcrição* se faz entre aspas, das passagens significativas, que servirão como argumento de verdade ou abonação do que vamos afirmando ou demonstrando ao longo do nosso trabalho. As transcrições têm o valor de um elemento de prova. O caráter fundamental da transcrição é a fidelidade: ao copiarmos a passagem do autor, devemos conservar a integridade do seu texto, inclusive os erros – se houver. Diante destes costumamos colocar um *sic* entre colchetes; e se omitimos alguma palavra ou frase da citação, devemos colocar em seu lugar reticências entre colchetes. Se por acaso sublinhamos alguma expressão da passagem transcrita, devemos colocar, no final da citação, entre parênteses (*o grifo é nosso*).

C. *Avaliação*: estas notas consistem na crítica ou comentário de um ou mais pensamentos da unidade gráfica consultada.

D. *Ideação*: as fichas de ideação compreendem as anotações pessoais. No decurso da leitura as idéias pessoais que vão surgindo (que são *nossas*, não do autor da obra) devem ser registradas, e, quando possível, até desenvolvidas.

Alguns autores misturam essas idéias ou observações pessoais na própria ficha em que fazem transcrições, resumos ou avaliações. Nesse caso é conveniente utilizar-se de um sinal convencional – um P. (= particular ou pessoal) no princípio e outro no fim do apontamento.

Todas estas fichas de documentação devem trazer, no cimo, em breves palavras, o assunto da ficha. Isto permite localizá-la rapidamente e classificá-la mais tarde. Exemplo:

AMOUCOS

Gaspar Correia diz que são homens que se dão já como mortos e que, portanto, fazem tudo para morrer. Antes, porém, praticam todo o mal possível a seus inimigos. É sempre por questão de honra. *Lendas*, I, 364-365. P. – Note-se a forma como os antigos portugueses lusitanizaram a palavra *amok*, malaia. Não teria sido interessante que Stefen Zweig usasse no seu romance a forma portuguesa amouco ao invés da malaia *amok*? P. "Isto ...." p. 365.

Para as fichas de documentação podemos usar também sinais na margem superior das mesmas, que permitem qualificar o grau de utilidade das notas registradas:

Símbolo   *Significado*

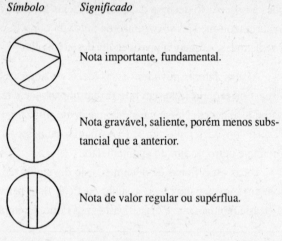

Nota importante, fundamental.

Nota gravável, saliente, porém menos substancial que a anterior.

Nota de valor regular ou supérflua.

Nas fichas bibliográficas podem ser adotados signos valorativos mais específicos, afora aqueles que foram propostos (A, B e C). São eles:

Símbolo   *Significado*

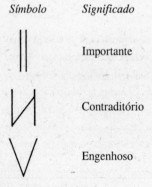

Importante

Contraditório

Engenhoso

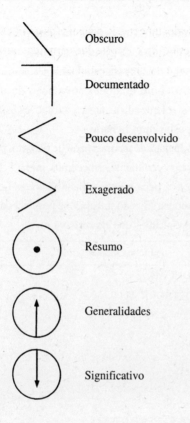

O tamanho das fichas, sua cor, espessura, formato, manuscritas ou datilografadas, podem entretanto ficar a critério da pessoa, que escolhe sempre a melhor forma de registrar os seus dados, e segundo as normas que achar mais convenientes. O que importa é manter uniformidade nos procedimentos adotados; mas o que importa, sobretudo, é que se abandone o vezo tradicional de registrar os seus apontamentos em cadernos, prática que torna incômoda e conseqüentemente demorada a elaboração do trabalho. Um fichário permite uma visão clara e sintética da pesquisa, da estrutura do futuro trabalho, e até um cronograma de sua redação. Qualquer acréscimo ou supressão, bem como qualquer ampliação de um apontamento, só é possível quando as nossas anotações estão feitas em fichas e dispostas num fichário.

Como sugestão, apenas, de um arremedo de fichário, podemos adotar o seguinte procedimento: esbocemos, numa ficha matriz (em cor diferente), ou ficha-piloto, ou ficha organográfica, a estrutura da parte demonstrativa do trabalho, se possível com as suas subdivisões. Suponhamos que ela seja assim:

Nº chave	Ficha Organográfica
1	INTRODUÇÃO
2	I. PARTE TEÓRICA: . . . .
2.1	A) . . . .
2.2	B) . . . .:
2.2.1	1) . . . .
2.2.2	2) . . . .:
2.2.2.1	a) . . . .
2.2.2.2	b) . . . .
3	II. PARTE EXPERIMENTAL: . . . .
3.1	A) . . . .
3.2	B) . . . .:
3.2.1	1) . . . .:
3.2.1.1	a) . . . .
3.2.1.2	b) . . . .
3.2.1.3	c) . . . .
3.2.2	2) . . . .
4.	III. CONCLUSÕES

Pois bem: esta ficha será a síntese do meu fichário, cuja ordenação lhe obedece. E o fichário terá, então, a seguinte ordem:

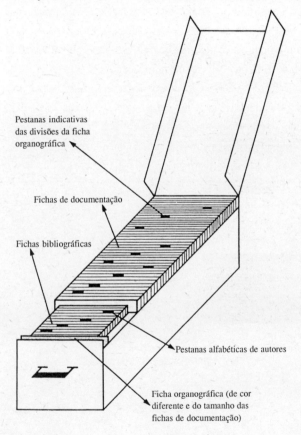

Observações:
1. As medidas normais do *fichário* podem ser: 30 a 50 cm de comprimento 14 cm de largura 11 cm de altura
2. As pestanas devem encabeçar fichas-cegas (isto é, sem nada escrito) de cor diferente. Idem para as pestanas alfabéticas.

As Partes da Tese

Vejamos, agora, as partes componentes de um trabalho, sua ordenação e sua constituição:

I. Parte Preliminar

1. Título do trabalho
2. Dedicatória, ou uma frase lapidar, um dístico ou um pensamento
3. Sumário ou tábua de conteúdo (índice completo, dos capítulos, secções e subsecções)
4. Índice das ilustrações (se houver)
5. Prefácio (se houver)

II. Parte Nuclear

1. Introdução (Proposição)
2. Desenvolvimento (Demonstração)
3. Conclusões

III. Parte Referencial

1. Apêndices, adendos e anexos (se houver)
2. Bibliografia

3. Glossário (se houver)
4. Índices:
   a) de autores citados (em ordem alfabética)
   b) de assuntos (na mesma ordem).

Os três componentes nucleares – Introdução, Desenvolvimento e Conclusões – têm cada qual a sua natureza; um não interfere no outro, conquanto apresentem uma seqüência lógica. O PREFÁCIO não é parte integrante, mas normalmente ocorre, tanto nas monografias como nas teses.

O PREFÁCIO, que pode ser escrito na primeira ou na terceira pessoa, distingue-se da Introdução em que ele se relaciona mais com o autor, e ela mais com a obra. Daí figurar no prefácio o seguinte:

- esclarecimentos a respeito das intenções do autor, um rápido histórico das origens do trabalho, assinalando algumas características gerais da investigação, do desenvolvimento e das dificuldades encontradas durante a sua elaboração;

- o tipo de público a que o trabalho se destina; palavras de agradecimentos às pessoas e instituições que porventura tenham colaborado, de uma forma ou de outra, para a consecução da tese. Nestes agradecimentos é de boa norma que se mantenha certa compostura no tom, evitando adjetivos imoderados, elogios desmedidos ou afetação;

- no final, o nome do autor, a data e o lugar de sua residência.

O PREFÁCIO, portanto, deve ser breve e não conter material que está no texto da tese ou nos apêndices.

A Introdução, mais ligada à natureza da tese, deve:

- enunciar a hipótese diretriz do trabalho, situando-o na ordem dos conhecimentos, informando o leitor dos objetivos e limites da pesquisa, dos caminhos percorridos, das fontes e métodos utilizados;

- justificar a escolha do tema e encarecer com razões convincentes a importância e o interesse do problema estudado;

- denunciar os trabalhos já apresentados nessa linha ou sobre o mesmo assunto, procurando mostrar em que sentido o seu se distancia daquele ou é original em relação às investigações anteriores;

- (poderá) proceder a uma breve crítica dos trabalhos já realizados nesse campo, bem como reconhecer neles as contribuições apresentadas;

- e, delimitando com precisão as fronteiras de sua pesquisa, (pode-se) informar ao leitor das linhas mestras do desenvolvimento da tese, bem como familiarizá-lo com a terminologia empregada a fim de habilitá-lo a penetrar na problemática do trabalho que vai ler.

É muito freqüente, nos PREFÁCIOS, nas INTRODUÇÕES e até no corpo do trabalho, o autor reiterar os objetivos da tese, disseminando-os aqui e ali ao longo da exposição, e muitas vezes diversificando-os. É prática comum e altamente perigosa, pois não raro o autor pode cair em lastimáveis e ruinosas contradições. Lembre-se, sempre, de que uma contradição, qualquer que seja ela, conduz à anulação do seu trabalho. Outro vício, também muito freqüente, e que anula o interesse pela leitura do trabalho, consiste em antecipar, na Introdução da tese, os resultados da Demonstração.

A DEMONSTRAÇÃO é o texto do trabalho propriamente dito, a sua parte nuclear, em que o autor, com os recursos do seu raciocínio e apoiado numa fundamentação lógica, procura provar a proposição de sua tese, ou desenvolvê-la, discuti-la e demonstrá-la. Neste momento – como bem diz Délcio Vieira Salomon – "o pesquisador ao desenvolver para o leitor o assunto, deixa de ser por um momento o investigador, para se tornar o filósofo do seu trabalho" (*Como Fazer uma Monografia*, p. 274).

A demonstração de segurança ou de domínio do seu tema revela-se na firmeza das afirmações, isentas de hipótese ou de expressões condicionais. É contraproducente, na parte fundamental do trabalho, o uso excessivo de termos e expressões *como talvez, parece-me, ao que tudo indica, possivelmente* etc.

Para as divisões desta parte do trabalho podemos usar o processo moderno de numeração 1, 1.1, 1.2... 2.1, 2.2... etc., ou os símbolos seguintes – à maneira tradicional:

> *Capítulos*: números romanos: I, II, III...
>
> *Subcapítulos*: números arábicos: 1, 2, 3...
>
> *Divisões Menores*: 1º: letras maiúsculas: A, B, C...
>
> 2º: letras minúsculas: a, b, c...
>
> 3º: números arábicos seguidos de sinal: 1º, 2º, 3º ...
>
> 4º: abecedário de minúsculas com após-trofo: a', b', c'...
>
> 5º: abecedário de minúsculas com após-trofo duplo: a", b", c"...

Finalmente as CONCLUSÕES. Toda tese deve ser coroada com as conclusões da parte demonstrativa. Para chegarmos a elas, procedemos da seguinte maneira: fazemos uma leitura consciente da parte demonstrativa e anotamos, à margem do texto, os parágrafos que figuraram como conclusões. Damos, em seguida, uma redação sintética dos mesmos e ordenamos cuidadosamente as conclusões, assinalando-as com numerais. É recomendável que as conclusões gerais sejam apresentadas na mesma ordem em que aparecem no texto da tese.

Na CONCLUSÃO fazemos com que o leitor recapitule os momentos significativos da parte demonstrativa, lembrando-lhe a hipótese-base do trabalho e reafirmando, através de uma síntese interpretativa dos grandes achados da nossa investigação, a proposição que procuramos demonstrar.

Podemos abrir, nas CONCLUSÕES, perspectivas para novos trabalhos. Quando, na INTRODUÇÃO, procuramos fixar limites da nossa pesquisa, é evidente que assim o fizemos para evitar o tratamento de vários temas, ou de aspectos do tema, que poderia alongar demais o nosso trabalho ou tornar complicada a parte demonstrativa. Tais aspectos podem ser oferecidos em forma de sugestão para pesquisas posteriores.

A Estrutura Idiomática do Trabalho

Será escusado lembrar que uma das qualidades fundamentais de uma tese ou de uma monografia está na sua redação; a sua estrutura idiomática constitui 50% de garantia na prova de defesa. Uma tese tem por obrigação ser bem escrita. Por mais genial que seja ela, é sempre mal recebida por uma banca examinadora se a sua redação deixa a desejar. Certa feita, numa banca de doutoramento, ouvimos a um Colega, em tom aforístico, a propósito de uma tese cuja estrutura idiomática era comprometedora, a seguinte opinião: "Eu prefiro uma tese boa mal escrita a uma tese bem redigida mas medíocre". Fica aí o fato, sem comentários.

Para garantir a boa redação de minha tese, o mínimo indispensável de que me devo munir, é constituído por três ou quatro dicionários: um dicionário autorizado nas conceituações (como o de Caldas Aulete, por exemplo), e outro para o emprego correto dos termos na sua grafia (que pode ser o *Novo Dicionário da Língua Portuguesa*, de Aurélio

Buarque de Holanda Ferreira); um bom dicionário analógico ou de idéias afins (como o de Carlos Spitzer, da Editora Globo, com várias edições), para variar o meu vocabulário e evitar tautologias; um dicionário de regência verbal e nominal (que pode ser o *Dicionário de Verbos e Regimes*, de Francisco Fernandes, complementado pelo *Regimes de Verbos* do P. José F. Stringari, 2 vols.; e o *Dicionário de Regimes de Substantivos e Adjetivos* do próprio Francisco Fernandes), pois a regência é a pedra de toque no manejo da língua; talvez uma boa gramática da língua, como recurso para certos casos de concordância e colocação; finalmente um vocabulário ortográfico.

Com estes instrumentos estamos preparados para garantir as primeiras qualidades da tese: a *construção correta*, isto é, o respeito às normas gramaticais vigentes; a *propriedade*, quer dizer, o emprego dos termos na sua exata acepção (infelizmente a ética nos impede exemplificar casos em que o emprego de um termo impróprio quase invalidou uma tese de doutoramento); e a *riqueza*, queremos dizer, a variação do meu vocabulário, sem incidir na impropriedade semântica dos termos. Um dicionário analógico – já o dissemos – é de consulta recomendável sempre que procuremos evitar a repetição dos termos na redação.

As outras qualidades formais do texto já não dependem desses instrumentos de trabalho, mas de quem escreve: a clareza, por exemplo. A linguagem deve ser inteligível, direta, sem deixar de ser técnica, isto é, sem fugir ao *jargon* natural da disciplina a que pertence a tese. Quando a redação é confusa, rebuscada, prolixa ou anfibológica (de sentido ambíguo), obrigando-nos a uma releitura, via de regra é por-

NORMAS GERAIS PARA OS TRABALHOS DE GRAU

que as idéias não estão claras no espírito do autor; e o próprio autor poderá ter consciência disso. Atualmente, e explicável pela moda de certos autores que vêm pontificando no campo da teoria e da crítica literária, verifica-se certa tendência barroquista – e no pior sentido – de exprimir hermeticamente as suas idéias, tornando a leitura do trabalho quase ininteligível aos estudiosos habituados à linguagem acadêmica tradicional. O hermetismo, fruto do jogo meio desvairado de uma terminologia abstrusa ou ultrapessoal de determinado autor, dá muitas vezes a sensação de verdadeiro galimatias, isto é, de um amontoado de palavras pretensamente técnicas mas que nada dizem. Veja-se, por exemplo, uma pequena passagem de dissertação recentemente defendida, cujo estilo, pretensamente filosófico, torna o trabalho completamente ilegível:

> Ao dar-se como símil, o ser-mesmo se dissimula pela simulação desta similitude que, na força do assemelhar e do simular, apresenta-o como simulacro (a matéria símil). O Símil é já Outro ao dar-se como símil, pois aí o ser mesmo se oculta sob a similitude que o une ao Outro. Assim, na unidade desta similitude, estão unidos as mentiras e os fatos, pois os fatos, enquanto símeis, ocultam-se eles mesmos sob a similitude com outra coisa, – subtraindo-se enquanto ipseidade.

(E o pior é quando o autor acaba publicando a sua tese, tal como a concebeu e apresentou: sem revisão ou sem levar em conta as ponderações da banca examinadora.)

Passagens como esta que vamos transcrever, de uma tese de Filologia, correm o risco de não dizer absolutamente nada:

> À guisa de conclusão, poderíamos dizer que a língua utiliza os locutivos para designar, nas instâncias do discurso, o falante e o ouvinte como "falante" e "ouvinte" e os não locutivos para substituir, dentro da

atualização lingüística dialógica e não dialógica, elementos do discurso de referentes extralingüísticos.

A vocação neológica torna a linguagem requintadamente preciosa, às vezes pedante – para não dizer pernóstica. Há teses que, para serem entendidas, precisariam apresentar um glossário da terminologia ou do vocabulário utilizado pelo autor, tal a obscuridade de sua linguagem. Palavras não dicionarizadas como *hoplítica*, *cratofania*, *diacosmose*, *ontofânico*, *enantiologia*, *hipoctômica*, *mandálico*, *meôntico*, *existentivo*, *percipiente*, *oblivial*, *ipseidade*, *despecção*, *desambigüizar*, *obviedade*, *elencado*, *concretude*, *definitório* etc. etc. (para citarmos apenas algumas das que ocorrem nos dois trabalhos acima mencionados) comprometem seriamente a comunicação do autor. Dois são portanto os estilos que devem ser evitados na fatura de uma tese: o pomposo, solene, retórico, inadequado à expressão da verdade que se quer demonstrar; e o maneirista, visível na volúpia do vocabulário exótico, que não raro é vazio de sentido.

"O que nos conforta, entretanto, é que, quando lemos Aristóteles ou Platão, conseguimos entendê-los..." (disse-nos um dia Guilhermino César, conhecedor dessa bibliografia "ultramoderna" que vem florescendo sobretudo no campo da investigação literária).

A *concisão* é outra virtude que deve ser observada: devemos redigir com o mínimo possível de palavras, sem prejudicar a clareza. Ao revermos o texto, eliminar o que nos pareça supérfluo, o inútil ou o mero adorno. Em teses de literatura, entretanto, é admissível muitas vezes uma pequena ampliação da frase, ou uma posição não usual dos seus termos, se procuramos com isso torná-la ritmicamente mais agradável, menos inarmônica. A *medida* e a *seriedade* constituem, finalmente, as outras qualidades de uma redação. A *medida* consiste na naturalidade, isto é, no uso espontâneo da linguagem, evitando os termos afetados, bizantinos ou rebuscados. A leitura de uma tese nunca deve chamar a atenção do leitor ou do examinador pela excentricidade – muitas vezes chocante – do seu vocabulário, senão pela simplicidade de uma linguagem correntia (sem ser chã). Por *seriedade* entendemos o tom desapaixonado de quem escreve. O postulante deve sobrepor-se ao entusiasmo ou à paixão das idéias que defende. Ao referir-se a trabalhos similares ao seu, deve evitar as alusões pejorativas, as expressões jocosas, a ironia ou os elogios desmedidos. Um trabalho científico, por exemplo, a respeito da linguagem pornográfica da sátira medieval galego-portuguesa, poderá deixar de sê-lo se o modo como foi tratado o assunto propiciar o riso, suscitar a malícia ou sugerir lembranças indiscretas. (Ainda a ética não nos permite exemplificar.)

Uma vez redigida a tese, devemos relê-la, observando o seguinte:

1. O manejo correto das formas verbais, no tempo e no modo. Muitas vezes um capítulo, de caráter narrativo, pode ter sido iniciado com o verbo no presente e terminado com o mesmo no passado, ou vice-versa. Nos períodos longos, subordinados, ter o cuidado de verificar a correlação temporal das formas verbais.

2. Verificar se há repetição de palavras, cacografias ou ecos. Muitas vezes a repetição é inevitável; mas tentar evitar o abuso que possa chamar a atenção de quem lê.

3. Se no texto foi usado o plural em 1ª pessoa, tornar uniforme o seu emprego.

4. Proceder a um policiamento da adjetivação, pois o uso do adjetivo deve ser feito com muita parcimônia e moderação. Quantas vezes o adjetivo não acrescenta idéia alguma ao que se quer dizer; quantas vezes pode ele desvirtuar o nosso objetivo, comprometendo assim a objetividade do trabalho.

5. Atentar para os períodos longos, complexos pelo número de idéias em jogo; tentar desdobrá-los em frases curtas, com os recursos do "com efeito", "além disso", "como tal", "por isso" etc.

6. Evitar os chavões ou introduções retóricas. Via de regra as introduções de tese vêm comprometidas pelos "clichês prologais", à moda dos tradicionais exórdios de carta: "Venho por meio destas mal traçadas linhas...". São muito comuns aberturas deste tipo:

O presente trabalho é o resultado de demorados estudos por parte do Autor, desde que chegou dos Estados Unidos...

Num trabalho desta natureza, cumpre que façamos alguns esclarecimentos preambulares, objetivando delinear nossa posição...

Aqui pretendemos oferecer nossa modesta contribuição para o estudo de um problema que tem preocupado muitos estudiosos...

Desde longa data vem o Autor se dedicando a esta faixa de conhecimentos...

e outras frases que tais.

Uma tese de ciências, ou mesmo de história, pode ser submetida à leitura prévia de alguém, para correção da linguagem; uma tese de literatura ou de língua, entretanto, deve ser revista pelo próprio autor. Um professor de língua ou de literatura tem por dever de ofício dominar a língua em que defende a sua tese.

Afora estas qualidades da redação de um trabalho de grau, que são puramente formais, outras há que dizem respeito ao seu conteúdo – tais como a *unidade*, a *originalidade* e a *profundidade*. Na revisão da parte demonstrativa da tese, devemos verificar se todos os capítulos mantêm perfeita concordância em relação ao tema do trabalho ou à proposição defendida, isto é, se tudo converge para a idéia central da tese, obedecendo a uma relação hierárquica das partes. Por outro lado, uma tese é original se a redação nos pertence intelectualmente, ou se o tema foi tratado de maneira diferente e pessoal. Quando houver coincidências ou discrepâncias com trabalhos que versam o mesmo tema, procurar indicá-las na Introdução. A *profundidade* de uma tese nem sempre pode ser sentida pelo próprio autor, ainda que seja ele o senhor absoluto do campo em que o seu trabalho se situa. Entretanto, relendo-o, deve o autor eliminar as passagens palavrosas ou insubstanciais, que não digam respeito à fundura da verdade que vem sendo demonstrada; ou suprimir tudo aquilo que considere alheio à questão de fundo do trabalho.

RECOMENDAÇÕES FINAIS

Em nome da honestidade e da seriedade intelectual, fundamento moral de todo e qualquer trabalho universitário, o mestrando ou doutorando, tendo-se em vista a sua prova pública de defesa da tese, deve observar as seguintes normas:

1. Especificar, com exatidão, todas as fontes de informação ou de opinião utilizadas no trabalho.

2. A omissão, na Bibliografia, de um título ou outro de trabalho consultado, deve ser denunciada pelo próprio autor, assim que houver oportunidade.

3. Dar, ao leitor ou ao examinador de sua tese, livre acesso às fontes documentais consultadas para o trabalho.

4. Jamais distorcer as fontes informativas com o propósito de adaptá-las doutrinariamente aos postulados defendidos na tese. Esta poderá ser considerada nula, se ficar provado que houve má-fé do postulante na utilização das fontes.

5. Em hipótese alguma deve o postulante mencionar obras e documentos não compulsados, incluindo-os na Bibliografia com o exclusivo intuito de impressionar o leitor ou o examinador.

6. O postulante, se for o caso, deve confessar a compulsação de obras raras e materiais inéditos, colocando-os à disposição do leitor ou do seu examinador.

7. Nunca citar na Bibliografia uma obra no original, se dela teve conhecimento apenas através de citação de terceiros, de resumos ou de traduções.

8. Se na Introdução não foi mencionado, o autor deve mostrar, durante a defesa, em que sentido as conclusões a que chegou na tese são originais em relação aos trabalhos anteriores similares.

9. É evidente que na defesa dos postulados da tese tenhamos, algumas vezes, que assumir um tom vibrantemente defensivo, e até polêmico; mas, toda vez que perceber a procedência das objeções do examinador, é dever inquestionável do examinando reconhecer o seu erro ou as lacunas apontadas.

10. Quando páginas atrás falamos das fontes e enumeramos os tipos fundamentais de edições, foi para pôr em evidência a importância das edições críticas como fontes do trabalho. A seriedade de uma demonstração reside na natureza das edições utilizadas. Teses, cujo tema é a interpretação literária de uma obra – ou mesmo seu estudo lingüístico, estilístico ou histórico –, só podem ser levadas a sério se utilizarem textos fidedignos, portanto em edições críticas. Ainda há pouco, num doutoramento em História a propósito da obra de Fernão Lopes, o examinador mostrou a fragilidade da tese apresentada, porque se fundamentava nas edições correntes e tradicionais das crônicas do autor, cujo texto é visivelmente divergente

da edição crítica que Giuliano Macchi fez das crônicas de Fernão Lopes.

Além destas dez recomendações, que estão mais ligadas à honorabilidade do trabalho e do autor, gostaríamos de chamar a atenção do candidato à carreira acadêmica, para certos aspectos que consideramos importantes na organização de uma tese, observações oriundas de nossa experiência na leitura e julgamento de mais de uma centena de dissertações de grau.

Não raro se percebe que um candidato a doutoramento não passou pela etapa do mestrado, porque comete certos descuidos, certas impropriedades e hábitos elementares de elaboração que são típicos de quem se inicia na carreira intelectual. Daí a importância da fase vestibular do mestrado, que habilita o candidato a superar esses defeitos, defeitos esses que em grande parte se explicam por falta de maturidade.

Seria escusado dizer que freqüentemente a nossa preferência se dirige para duas ou três obras da bibliografia consultada, que julgamos mais consentâneas ou atinentes ao tema que vimos desenvolvendo. Acontece que essa preferência pode atingir perigosamente o nível do deslumbramento, a ponto de acabarmos comprometendo a originalidade do nosso trabalho. É o que ocorre quando, fascinados com a bibliografia utilizada, caímos no vezo das transcrições excessivas, sobretudo nas introduções, enfraquecendo consideravelmente a fundamentação do nosso estudo. Tal prática, ao invés de denotar erudição, é prova de imaturidade, isto é, de falta de personalidade intelectual; prova de incapacidade criadora e testemunho de que o autor da tese não assimilou convenientemente a matéria documental ou informativa. Quem cita muito acaba por apresentar os autores das citações. Portanto: citar o estritamente necessário. Entretanto, quando citar nos parece inevitável, precisamos ter o cuidado de temperar a transcrição pura e simples com as glosas inteligentes dos autores consultados; isto é, procurar algumas vezes dizer com palavras próprias aquilo que não é nosso, sem perder a noção de que o conteúdo não nos pertence. Teses há em que os pressupostos de trabalho colocados na introdução não passam de um colar de reproduções textuais dos autores consultados, dando a nítida impressão de que a bibliografia não foi digerida, porque devolvida intacta. Isso impressiona muito mal. E aqui aproveitamos lembrar também que não são poucos os mestrandos e doutorandos que supõem fechar com chave de ouro quando rematam os capítulos de sua dissertação com transcrições que julgam muito oportunas. Ora, finalizar capítulos com transcrições enfraquece o trabalho, pois dá a impressão de que as conclusões não são do autor da tese, mas do autor citado.

Ainda a propósito de citação de autores consultados, pouca gente sabe que é norma não transcrevê-los na língua que não é a sua. Portanto, não se deve citar em espanhol o que disse um autor que para essa língua foi traduzido. Se tivermos que citar um autor inglês, suponhamos Maurice Bowra, cuja obra *The Greek Experience* só possuímos na tradução espanhola de Luis Gil (*La Aventura Griega*, Madrid, Guadarrama, 1960), devemos transcrevê-lo, traduzindo para o português o texto espanhol. É muito estranho dizer, por exemplo: "Aristóteles afirmava na sua Ética a Nicômaco: 'l'homme est par nature un animal politique' ", pois Aristóteles nunca falou francês. Teremos que traduzir a passagem para o português, embora citemos a fonte francesa de nossa leitura.

Outro defeito, também explicável pela imaturidade, consiste na ânsia de dizer tudo. Numa dissertação de mestrado dizer tudo é perfeitamente justificável, porque faz parte de sua natureza. Mas, bem entendido: quando se trata de uma monografia, na acepção que lhe demos no início deste manual. Numa tese de doutoramento, porém, esta prática é condenável. Aqui a qualidade primordial do candidato com relação às fontes utilizadas consiste no espírito seletivo, na capacidade de escolher aquilo que é realmente importante dizer e os autores que é imprescindível citar em abonação de nossas afirmações.

Ligado ainda ao desejo de dizer e reproduzir além do necessário, está o hábito, muito freqüente também, de acrescentar informações ou conceitos, que se tornam soltos ou excrescentes, isto é, sem nexo com o espírito do trabalho ou com o problema que está sendo versado. Para esclarecer, vamos exemplificar.

Numa dissertação, a propósito do teatro religioso medieval, a autora faz um excurso inicial a respeito das desgraças que desabaram sobre o homem da Baixa Idade Média, entre elas a fome. E às tantas escreve: "Assim a fome, segundo o *Elucidarium*, é conseqüência do pecado original: 'la faim est l'un des châtiments du peché original...' ". A menção ao *Elucidarium* é um dado solto, pois ninguém sabe o que é: o termo fazia parte de uma passagem da obra de Jacques Le Goff (*La civilisation de l'Occident médiéval*), e ao ser transcrito ficou sem nexo e o leitor sem qualquer informação a respeito.

Noutra passagem do mesmo trabalho, falando sobre o caráter contestatório e festivo da sátira medieval, o segundo camuflando o primeiro, num processo de inversão, chama o leitor para uma nota de rodapé: "Esse modelo alternativo – tempo cíclico anual, enquanto acontecimento, e tempo linear, orientado para o futuro – corresponde à concepção de tempo pendular de Van Gennep". E não explica por que corresponde; tampouco cita a obra do grande etnólogo Van Gennep na Bibliografia. Ficamos sem saber em que consiste esse "tempo pendular", em que obra Arnold Van Gennep teria exposto a sua concepção, e as razões da autora em aludir a essa correspondência.

Mais adiante escreve: "Ainda sobre o prólogo do *Auto da Alma*, talvez se possa aplicar a observação de Alfred Simon, a partir de uma miniatura de Fouquet"; e transcreve o texto de Alfred Simon a seguir, sem explicar a tal "miniatura de Fouquet". Alfred Simon deve ter-se referido em sua obra a essa miniatura de Fouquet, que a autora da dissertação transpôs para o seu trabalho sem dizer água vai.

Em tese de doutoramento acerca da cultura literária de Fernão Lopes, outra autora disserta a propósito da diferenciação *figuras/tropos* e acrescenta: "Não faltam autores que dão aos tropos o nome de figuras; entre eles, C. Artorius Proculus". Quem é esse autor? Em que obra afirma essa semelhança entre *tropo* e *figura*? Sim, porque o nome de C. Artorius Proculus não aparece em parte alguma da tese, nem na Bibliografia consultada.

E o inevitável acontece: o candidato é solicitado pelo examinador a explicar a intrusão desses termos – que, da leitura das obras consultadas, se transferiram para o texto da dissertação. Numa transcrição, devemos ter sempre o cuidado de eliminar tais elementos referenciais que não têm nexo com o nosso texto, e simplesmente substituir a eliminação por reticências. Lembra-nos um fato que se deu conosco: em nossa tese de livre-docência, cuja matéria era exclusivamente literária, transcrevemos uma passagem de Ernest Robert Curtius sobre a *tópica*, que aludia por acaso ao "inconsciente coletivo" (responsável pela permanência das frases feitas na história da cultura ocidental). Mas nós transcrevíamos a passagem de Curtius por outros motivos, pois o problema do inconsciente coletivo nada tinha a ver com a matéria versada na tese. Foi o suficiente para sermos martirizados por um dos examinadores, que, ansioso por demonstrar seus largos conhecimentos de psicologia social, nos argüiu insistentemente sobre o assunto.

Outro vício comum, já denunciado páginas atrás mas que a ele voltamos pela sua gravidade, consiste, sobretudo nas partes introdutórias das dissertações de grau, na insistência com que o autor manifesta os objetivos de seu trabalho. Dizer dos fins a que se propõe a sua tese é norma até recomendada; mas declará-los com freqüência, em vários momentos do trabalho – e com redação que muitas vezes diversifica os objetivos almejados – é ocioso, enfadonho e não raro extremamente perigoso. O escopo de uma tese deve ser expresso de maneira clara e precisa, no início das dissertações, e, se possível, apenas uma vez. Quando os objetivos em mira são vários e diversificados, a tese corre o risco de perder a sua coluna vertebral; e não é surpresa que algumas vezes a conclusão atingida não corresponda a uma ou outra das pretensões colocadas no início do trabalho. Cobrado por isso, dificilmente consegue o candidato safar-se de uma situação incômoda. Simplesmente porque contradições não admitem explicações.

Finalmente: nunca se esqueça de juntar uma página de *errata* ao seu trabalho.

A Técnica Bibliográfica

Quando fazemos uma referência bibliográfica, devemos levar em conta a ordem convencional dos seus elementos, prevista por normas internacionalmente aceitas ou estabelecidas. Numa referência bibliográfica temos cinco ordens de elementos:

1. *Autor*
2. *Título*
3. *Notas tipográficas* ou *imprenta*: local, editor e data
4. *Notas bibliográficas*: número de páginas, ou número de volumes, indicação de ilustrações, tabelas, dimensão etc.
5. *Notas complementares*: indicação de séries e coleções, separatas, preço etc.

Vamos oferecer o essencial que deve ser conhecido pelo autor de um trabalho de grau, no que se refere à bibliografia geral no final do mesmo, ou às bibliografias parciais nos finais de capítulos; e o essencial também com relação às referências bibliográficas em pé de página, isto é, nas citações de rodapé[1].

A norma primordial a ser observada numa citação bibliográfica consiste em colher os elementos de identificação de uma publicação na página de rosto (ou frontispício). Os elementos de referência bibliográfica que por acaso não figurarem na página de rosto e sim noutro lugar (no verso do frontispício, no colofão, no prefácio, na lombada, na capa, na orelha) virão sempre entre colchetes. Com relação às separatas, entretanto, esta norma deixa de ser observada, pois os dados referenciais podem ser extraídos da capa, e os dados que faltam não precisam vir entre colchetes.

I. *Quanto ao nome do autor*

1. Abrir a referência com o sobrenome em MAIÚSCULAS seguido de vírgula e das iniciais dos demais componentes do nome (se não pudermos identificar os mesmos componentes por exemplo): SILVA, Joaquim.

2. Os designativos Filho, Júnior, Neto, Sobrinho e equivalentes estrangeiros devem figurar depois do sobrenome: ALMEIDA JR., Antônio de; COELHO NETO, Henrique.
Nos nomes estrangeiros esses designativos são colocados depois dos prenomes: PERKINS, F. L., Jr.

3. As partículas *de, do, das, del, de las, von, zur, van der, della, degli, d', di* etc. são sempre colocadas depois do prenome: OLIVEIRA, José Osório de; HOEVE, J. van der; LINDEN, W. zur; VOLTA, A. della; ORBIGNY, O. d'.

---

1. As normas de citação de rodapé foram extraídas de *Normas para Referência Bibliográfica*, de Neusa Dias Macedo, colaboração de Segismundo Spina.

Normas Gerais para os Trabalhos de Grau

4. Se estas partículas forem atributivas, o sobrenome vem precedido por elas: Mac Donald, William; O'Neill, Alexandre; São Tiago, Paulo de.

5. Em nomes franceses, entrar pelo prefixo se este for um artigo ou contração de preposição com artigo: La Pierre, X. de; Du Moulin, Pierre; Des Essarts, François.

6. Nos nomes espanhóis entrar pela primeira parte do sobrenome (pois o último sobrenome é o materno): Menéndez Pidal, Ramón; Díaz-Plaja, Guillermo.

7. Nos compostos, a entrada se faz pelo sobrenome composto: Castelo Branco, Camilo; Sá-Carneiro, Mário de.

8. Excepcionalmente a entrada pode ser feita pelo nome composto já consagrado literariamente:
Eça de Queirós, José Maria; Machado de Assis, José Maria; Monteiro Lobato, José Bento.
Da mesma forma é preferível a entrada pelo nome literário, para não dificultar a identificação. Assim: Herculano, Alexandre (ao invés da forma regulamentar: Araújo, Alexandre Herculano de Carvalho).

9. Nas autorias coletivas:
a) *dois autores*: Saraiva, Antônio José & Lopes, Óscar
b) *três ou mais*: Placer, Xavier *et alii.*

10. Quando o autor é o editor, compilador, diretor ou anotador da obra, suceder o seu prenome com as abreviaturas *org., ed., comp., dir., anot.*:
Coutinho, Afrânio (ed.). *A Literatura no Brasil...*
Bandeira, Manuel (comp.). *Antologia dos Poetas Brasileiros da Fase Romântica...*

11. Quando a publicação é feita por instituições, academias, associações, a abertura se faz pelo nome delas:

UNIVERSIDADE DE SÃO PAULO. Faculdade de Medicina; BIBLIOTECA MUNICIPAL DE SÃO PAULO; ACADEMIA PAULISTA DE LETRAS; ASSOCIAÇÃO BRASILEIRA DE NORMAS TÉCNICAS.

12. Se forem obras anônimas, publicações de congressos ou enciclopédias, entrar pelo título, excluindo o artigo (se houver):

COLÓQUIO INTERNACIONAL DE ESTUDOS LUSO-BRASILEIROS, 3°, Lisboa, 1957, *Actas*. Lisboa, 1960. vol. 2.

ENCICLOPÉDIA ESPASA-CALPE; CHANSON DE ROLAND.

II. *Quanto ao título*

1. Transcrevê-lo fielmente, como figura na publicação.

2. *Títulos longos* podem ser abreviados com reticência, não devendo esta substituir as palavras iniciais, nem alterar o sentido.

3. *Subtítulos*: suprimir, a menos que sejam indispensáveis para a informação cabal do conteúdo do documento.

4. *Tradução do título*: aconselha-se quando se trata de idioma pouco difundido:
   Van atoom tot heelal = Os Átomos e o Universo.

Notas: 1. o título original de uma obra traduzida pode figurar, entre parênteses, depois do título da tradução;
2. após o título segue-se a indicação da edição; não abreviá-la, mas indicar simplesmente pelo número seguido de ponto. Assim: 3. ed. (ao invés de 3ª ed.).

III. *Quanto ao local de publicação*

1. Não se deve abreviar: São Paulo, Rio de Janeiro (não S. Paulo, R. de Janeiro) etc.;

2. Nomes homônimos de cidades: acrescenta-se abreviadamente o dos respectivos países ou Estados: Cambridge, Ingl., Cambridge, Mass.;

Normas Gerais para os Trabalhos de Grau

3. Mais de duas cidades: basta indicar a primeira;

4. Respeitar a língua original: Lisbonne etc.

IV. *Quanto ao editor*

1. No caso de prenomes ou elementos secundários, eliminar ou abreviar: Anhembi (e não Editora Anhembi S.A.); José Olympio (e não Livraria José Olympio Editora); Ed. das Américas (e não Editora das Américas);

2. Dois editores, estabelecidos em cidades diferentes, indicar ambos;

3. Além do editor, um órgão (responsável ou distribuidor), indicar ambos: Salvador, Univ. da Bahia, Livr. Progresso;

4. Excluir os designativos Cia., Ltda., S.A. etc.

V. *Quanto à data*

Em arábicos, sem espacejar nem pontuar:
1973, não: 1 973, nem 1.973, tampouco MCMLXXIII.

Meses: abreviados no idioma da publicação

• três letras iniciais seguidas de ponto: jan., fev., mai. (ou maio)

• com menos de cinco letras não se abrevia: maio, juin, août etc.

Obs.: Quando não constam os elementos da *imprenta* (lugar, editor, data), indicar com a abreviatura s.n.t. (= sem notas tipográficas).

Eis a ordem dos elementos bibliográficos:

1. Para *livros*

SOBRENOME, Nome. *Título*. Edição. *Imprenta*: lugar de publicação, editor, ano da publicação. Colação: págs. ou vols., tipo de ilustração, dimensão, nota de série.

2. Para *artigos de periódicos*

Sobrenome, Nome. "Título do Artigo". *Título do Periódico*, lugar de publicação, caracterização do fascículo: nº do volume, em destaque (negrito ou itálico); nº do fascículo, entre parênteses, seguido de dois-pontos; paginação e data.

Exemplificação:

1. *Para Livros*

Romero, Silvio. *História da Literatura Brasileira*. 3. ed. aum., Rio de Janeiro, José Olympio, 1943, 5 vols. ilus., 23 cm. (Col. Documentos Brasileiros, 24).

Explicação:

- Nome do autor introduzido pelo último sobrenome, em Maiúsculas, separado por vírgula, do prenome, em caixa alta e baixa.
- Ponto.
- Título do livro, sublinhado se datilografado, em itálico se impresso. Se houver subtítulo, este se separa do título por ponto ou dois-pontos e em itálico também. No título coloque em caixa alta e baixa os substantivos e os verbos.
- Ponto.
- Lugar de publicação.
- Vírgula.
- Editor ou casa publicadora.
- Vírgula.
- Data.

Obs.: Se algum desses elementos da imprenta não figurar na página de rosto, nem fora dela, então usamos das abreviaturas entre colchetes:
[s.1.] = sem lugar de publicação
[s.ed.] ou [s.c.p.] = sem editor ou sem casa publicadora
[s.d.] = sem data.

Nesse caso, não se usa vírgula nem antes nem depois da abreviatura. Exemplo:

SARAIVA, Antônio José & LOPES, Óscar. *História da Literatura Portuguesa*. Porto, Porto Ed. [s.d.] 885 p.

2. Para Parte de Livro

FIGUEIREDO, Fidelino de. "Romantismo". *História Literária de Portugal (Século XII-XX)*. Coimbra, Nobel [1944] pp. 414-415.

CASTELLO, José Aderaldo. "Os Pródromos do Romantismo". In: COUTINHO, Afrânio (dir.). *A Literatura no Brasil*. Rio de Janeiro, Sul Americana [1955] vol. 1, t. 2, pp. 615-655.

No 1º caso, como se trata de parte de obra do mesmo autor, não usamos "Em sua" ou "Em seu" e nem o In; no 2º caso, usamos de In, não sublinhado, por se tratar de parte de obra coletiva.

3. Para Artigo de Periódico

a) em *Revista*

LIMA, Herman. "Origens da Sátira Política no Brasil". *Revista do Livro*. Rio de Janeiro, *3*(12): 45-49, dez. 1958.

Explica-se: sublinhado o título do periódico, não o do artigo, lugar de publicação;

3 = vol. 3

(12) = fasc. 12

45-49 = pp. 45 a 49.

b) *Em Jornal*

COUTINHO, Afrânio. "Leitores e Livros". *Diário de Notícias*. Rio de Janeiro, 1.4.1956, Suplemento Literário 3.

Normas para a Citação e para a Referência Bibliográfica de Rodapé

Antes de expormos as normas é mister conhecermos uma relação essencial de abreviaturas ocorrentes nas referências bibliográficas de pé de página.

I. *Abreviaturas e termos correntes na citação bibliográfica*

ad lit. (*ad litteram*)	ao pé da letra
ampl.	ampliado
anot.	anotado
apóg.	apógrafo (cópia de manuscrito)
ap. (*apud*)	segundo Fulano, referido por
aum.	aumentado
cf.	confira, compare
cód.	códice
col.	coleção
comp.	compilador
dir.	direção
Dir.	Diretor
doc.	documento
dout.	doutoramento
ed.	edição
Ed.	Editora
ed. cit.	edição citada
e.g. (*exempli gratia*)	por exemplo, a saber
et alii, et al.	e outros
et pas.(*et passim*)	em diversas partes, aqui e ali
et seqs. (*et sequentes*)	e seguintes
glos.	glossário
ibid. (*ibidem*)	aí mesmo, no mesmo lugar; usa-se para evitar a repetição, nas citações de um capítulo ou livro já citados

Normas Gerais para os Trabalhos de Grau   77

id. (*idem*)	o mesmo; emprega-se para evitar a repetição do que se acaba de dizer ou escrever
i.é	isto é
i.e.	*id est*
il. (ou ilust.)	ilustrado
In	em; usa-se apenas em obras coletivas
in-fine	no fim
in-fº (*in-folio*)	em folhas (tratando-se de códices manuscritos)
intr.	introdução
ip. lit. (*ipsis litteris*)	literalmente
ip. v. (*ipsis verbis*)	letra por letra, textualmente
loc. cit. (*loco citato*)	no lugar citado
melh.	melhorado
MS, ms, mss	manuscrito(s)
n.	número
N.B. (*nota bene*)	observe bem
op. cit. (*opus citatum*)	obra citada
org.	organizado
p. (pp.)	página(s)
pas. (*passim*)	em diversos lugares, aqui e ali
pref.	prefácio
q. v. (*quod vide*)	que se veja
rec.	recensão
ref.	referência
refund.	refundido
rem.	remissivo
rev.	revisto
scilicet	subtende-se
s.d.	sem data
s. ed.	sem editor
s.l.	sem lugar (de publicação)

sel.	seleção, selecionado
Sep.	separata
s.v. (*sub voce*)	na palavra
t.	tomo
trad.	tradução, traduzido
v. (vv.)	verso(s)
vol.	volume
v.	ver
v.g. (*verbi gratia*)	por exemplo
videlicet	notadamente, é fácil de ver.

II. *Transcrições*

1. Toda referência feita pelo autor, no texto de seu trabalho, de frases ou trechos de uma obra, deve vir entre aspas:

"Há cerca de meia dúzia de anos era raro o estudioso entre nós que revelava preocupação com os problemas da bibliografia, seja no seu aspecto técnico, seja no que se relaciona com a apresentação material e gráfica"[1].

(Como se vê, o número da nota vem logo depois da pontuação que encerra a citação. A chamada numérica nunca deve ser feita depois do nome do autor, ou do verbo que introduz a nota[2].)

2. A chamada numérica deve ser feita em algarismos arábicos, caracteres pequenos, e colocada após a frase transcrita, acima da linha (preferivelmente) ou entre parênteses, no nível da linha.

---

1. Afrânio Coutinho, *Da Crítica e da Nova Crítica*, Rio de Janeiro, Civilização Brasileira [1957] p. 192.
2. Ver, sobre isto, o *Manual de Editoração da Edusp*, São Paulo, Ateliê Editorial, 2003.

NORMAS GERAIS PARA OS TRABALHOS DE GRAU

3. Quando na transcrição de um texto se fizerem supressões de partes sem interesse para o caso, tais interrupções são assinaladas por reticências, entre colchetes:

"Impossível abandonar os bichos do mato [...] levantou-se, agarrou os bracinhos que lhe caíam sobre o peito, moles, finos como cambitos".

Vidas Secas, de Graciliano Ramos.

4. Na transcrição de fragmentos poéticos, não destacá-los do texto quando são curtos; introduzidos com aspas ou sublinhados, o término do verso é assinalado por uma barra; o da estrofe, por duas:

E Camões diz ainda que "entre gente remota edificaram / Novo reino, que tanto sublimaram; // E também as memórias gloriosas / Daqueles Reis que foram dilatando /A Fé, o Império...".

Os Lusíadas, 1, 1-2.

5. Quando desejamos pôr em relevo determinados termos de uma transcrição, sublinhamo-los, tendo o cuidado de acrescentar, ao final da transcrição, entre parênteses, a expressão: (o grifo é nosso) ou (o sublinhado é meu).

6. Para as citações, portanto, usamos aspas duplas; quando, porém, numa citação vem intercalada outra citação, esta virá com aspas simples:

"Se declara que 'não é preciso ser Béranger para revolucionar a França inteira', vê-se ao espelho de Béranger para eletrizar Portugal".

Vitorino Nemésio, *Relações Francesas do Romantismo Português*, pp. 17-18.

III. *Notas de rodapé*

1. Distinguir tipograficamente as referências bibliográficas de rodapé dos caracteres usados no texto, utilizando, nes-

te caso, para as referências, caracteres menores; no caso de trabalhos datilografados, não dar espaço duplo às referências.

2. No caso de edições anotadas, em que há notas do autor e do editor, usar a ordenação dupla: as do autor, com algarismos arábicos, e as do editor, com asteriscos. Veja-se este rodapé da obra de Wilhelm Storck, edição anotada por Carolina Michaelis de Vasconcelos, *Vida e Obra de Luís de Camões*, p. 38:

---

1. SEVERIM, fl. 2ª.
2. ....
3. ....

* O autor alemão, induzido pela expressão "em cima do túmulo", imaginou que se tratava de pós (Standbild), pequeno equívoco, que desfiz.

---

3. Quando se faz a referência bibliográfica pela primeira vez, apresentar os dados bibliográficos essenciais; nas notas de rodapé não se inverte a ordem do nome, e os elementos são separados por vírgula. Veja a diferença na "Bibliografia Consultada".

---

4. Manuel Rodrigues Lapa, *Lições de Literatura Portuguesa*, 3. ed., Coimbra, Coimbra Ed., 1952, p. 119.

---

4. Nas citações subseqüentes da mesma obra, abreviar o título, bem como dispensar os outros dados bibliográficos:

---

5. Manuel Rodrigues Lapa, *Lições...*, p. 145.

---

5. Se no texto já surge o nome do autor e da obra, ou de um e outro apenas, em rodapé mencionar simplesmente a página, ou o elemento não citado:

Em suas *Lições de Literatura Portuguesa*, Rodrigues Lapa afirma que...[6]

---

6. P. 35.

Em suas *Lições de Literatura Portuguesa*, o Autor diz que...[7]

---

7. Manuel Rodrigues Lapa, p. 89.

Segundo Rodrigues Lapa a cantiga d'amor...[8]

---

8. *Lições...*, p. 140.

6. Numa seqüência de duas ou mais referências do mesmo autor e a mesma obra, ou do mesmo autor e obra diferente, para evitar-se a repetição por extenso do nome do autor e do título, usar dos termos correspondentes (*idem*: o mesmo autor); (*ibidem*: na mesma obra):

---

9. M. Rodrigues Lapa, *Lições...*, p. 29.
10. *Idem, ibidem*.
11. *Idem, Das Origens da Poesia Lírica em Portugal na Idade Média*, Lisboa, Edição do Autor, 1929, p. 43.

7. Não repetir o nome do autor e o título da obra, se os mesmos já foram citados na própria página ou no verso; neste caso, usar do termo *op. cit.* (*opus citatum*: obra citada):

---

12. *Op. cit.*, p. 37.

8. Se a referência diz respeito a uma página de obra já citada em rodapé (na própria página ou no verso), usar o termo *loc. cit.* (*loco citato*: no lugar citado):

---

13. M. Rodrigues Lapa, *Lições...*, p. 85.
14. A. J. Saraiva, *História Literária Portuguesa*, p. 187.
15. M. Rodrigues Lapa, *loc. cit.*

9. As referências a qualquer trabalhem citado mas não consultado, isto é, as referências de segunda mão, devem ser precedidas da expressão *apud* (= segundo Fulano): Pois, como observa Eça em *Notas Contemporâneas...*[16]

---

16. *Apud* Fidelino de Figueiredo, *História da Literatura Realista*, Lisboa, Livraria Clássica, 1914, p. 133.

10. Quando houver, na transcrição de um texto, palavras que pareçam estranhas ou erradas, usar, entre parênteses, o termo "sic" (assim, tal qual):

"...e se a isto não se advertira, nam se tomarã as cousas as vessas [*sic*], fazendo acçam primaria..."

Comentário de Paulo Hecker Filho ao *Teatro Sério de Artur de Azevedo* de Joel Pontes.

Convém Ler

Uma tendência dos jovens que deve ser evitada – e que é própria da inexperiência e dispersão características da idade juvenil – é a de eleger os "grandes temas": "O Problema da Liberdade", "A Existência de Deus", "O Valor da Ciência", "A Filosofia Moderna", "Os Valores Éticos", "A Pedagogia Contemporânea" etc. Além de não estarem em condições de acometer esses problemas, e muito menos de trazer alguma contribuição original para a sua colocação ou solução, os estudantes correm o risco de cair em lugares-comuns, de "inventar" soluções já rejeitadas ou, no melhor dos casos, perder-se em vaguidades e intermináveis discussões dos "especialistas em generalidades": os temas devem ser precisos, bem determinados e específicos.

Asti Vera, *Metodología de la Investigación*, pp. 105-106.

Ao dedicar-se à elaboração de um plano, os estudantes costumam reagir observando que temos que saber antes de tudo qual será a extensão do trabalho. A pergunta costumeira é: "Quantas páginas deve ter uma monografia?" Este critério quantitativo – muito próprio de nossa época governada pela quantidade – é às vezes estimulado por alguns professores. Não obstante o conselho aristotélico ("nada em excesso") ainda seja uma boa norma que poderíamos traduzir como nem muito pouco (um par de folhas) nem demasiado, devemos ter presente que o número de páginas não conta se o trabalho é original (melhor diríamos, pessoal), orgânico e coerente. Sobretudo se cumpriu a sua finalidade: demonstrar uma tese.

Idem, ibidem, p. 109.

A propósito, aliás, Gaston Litton observa que em nenhuma universidade, da qual se tenha conhecimento, se especifica quantas páginas deve ter a tese. A qualidade, não a quantidade, deve determinar a extensão da mesma.

Uma tentação freqüente nos jovens é a de interpretar os autores clássicos à luz dos modernos, o que os leva a modernizar perigosamente até o próprio texto. Devemos ler os autores em função de toda a sua obra, porém também no contexto de sua época e do seu meio.

Idem, ibidem, p. 128.

Os *adendos* são matéria elaborada pelo autor; os apêndices são subsídios de outros autores que abonam e documentam o texto; os anexos são apêndices bastante extensos, vinculados ao tema central do trabalho. Quando extensos e numerosos, os adendos, apêndices e anexos precedem o posfácio.

Ângelo Domingos Salvador, *Métodos e Técnicas de Pesquisa Bibliográfica*, p. 195.

O valor e a originalidade do trabalho científico se mede pelo recurso feito às fontes.

Cervo & Bervian, *Metodologia Científica*, p. 81.

Não deve, portanto, o pesquisador insinuar que os resultados de outros estudos ou pesquisas anteriores estejam eivados de erros e incorreções. O próprio trabalho, por mais perfeito que seja, nem sempre está isento de erros.

A cortesia é traço importante de todo trabalho, sobretudo quando se trata de discordar dos resultados de outras pesquisas.

Idem, ibidem, p. 125.

Desde tempos remotos considerou-se "original" também o trabalho que apresenta modo novo de abordar o assunto já tratado ou que consegue estabelecer relações novas ou, finalmente, que se propõe uma nova interpretação de questões controversas.

Délcio Vieira Salomon, *Como Fazer uma Monografia*, p. 220.

É lastimável o comportamento daqueles que escolhem, no curso de graduação, e sobretudo nos de doutoramento ou mestrado, temas que não os estejam introduzindo nas áreas de uma futura especialização: apenas que lhes garantam o cumprimento de uma obrigação acadêmica.

Idem, ibidem, p. 230.

Temas marcados só têm sentido na fase dos "trabalhos de estágio", quando o professor procura auxiliar o aluno a programar atividades escolares em função da matéria ministrada. Seria ridículo por parte dos professores de cursos de pós-graduação especificar temas de monografia ou tese para os alunos.

Idem, ibidem, p. 231.

... hoje, dado o avanço da biblioteconomia e da documentação, todo interessado consegue praticamente o material ou fonte de que necessita. Já está se extinguindo o tempo em que os autores e defensores de tese tinham o direito de justificar lacunas em seu trabalho por falta de condições de acesso às fontes, lançando o libelo de culpa às bibliotecas locais, regionais ou nacionais.

Idem, ibidem, p. 239.

Dois são os tipos de obras que fornecem o material para o trabalho, conforme já ficou por demais esclarecido: as fontes e a bibliografia.

Qual dos dois se examina antes? Em geral lê-se primeiro a bibliografia, que serve de introdução à interpretação das fontes.

Entre as obras que constituem a bibliografia, normalmente se lêem antes as mais recentes e mais solidamente científicas. A razão desta norma é que os estudos podem estar superados por obras modernas. Depois da consulta aos principais trabalhos e aos mais recentes, passa-se gradualmente aos que estão em segunda ordem na linha cronológica e de importância.

Idem, ibidem, p. 263.

O fato é que, numa época em que a bibliografia atinge um alto nível de rigor técnico, não se pode mais permitir que os livros brasileiros saiam inçados de defeitos no particular, com as citações feitas da maneira mais desordenada, sem a observância da menor regra no que tange à sua apresentação, com o verbete iniciando-se ora pelo título da obra, ora pelo nome do autor, e os elementos da imprenta (local, editora, data) em completa desordem. É para a compreensão de que tudo isso tem importância em *scholarship* que se faz necessário um trabalho de difusão da consciência das suas regras e de sua sistemática. A disciplina intelectual revela-se tanto nisso quanto na observância das regras da sintaxe.

AFRÂNIO COUTINHO, *Da Crítica e da Nova Crítica*, 2. ed. [Rio de Janeiro] Civilização Brasileira; [Brasília] INL, 1975, p. 189.

Bibliografia Consultada

Associação Brasileira de Normas Técnicas. *Normalização da Documentação no Brasil*. 2. ed. Rio de Janeiro, Instituto Brasileiro de Bibliografia e Documentação, 1964.

Asti Vera, Armando. *Metodología de la Investigación*. Buenos Aires, Editorial Kapelusz [1968].

Cervo, A. L. & Bervian, P. R. *Metodologia Científica*. São Paulo-Rio de Janeiro, McGraw-Hili do Brasil [1972].

Conduru, Ruthe. *A Documentação Normalizada*. Belém, UFP/Curso de Biblioteconomia, 1967.

Coutinho, Afrânio. *Da Crítica e da Nova Crítica*. 2. ed. Rio de Janeiro, Civilização Brasileira; Brasília, INL, 1975.

Litton, Gaston. *A Pesquisa Bibliográfica; em Nível Universitário*. Trad. Terezine Arantes Ferraz. São Paulo, McGraw-Hili do Brasil, 1975.

Luft, Celso Pedro. *Trabalho Científico. Sua Estrutura e sua Apresentação*. Porto Alegre, Lima, 1967.

Macedo, Neusa Dias. "Normas para Referência Bibliográfica". *Revista de Pedagogia*, São Paulo, *12*(21): 71-130, jan.-jun. 1966.

NÉRICI, Imídeo G. *Metodologia do Ensino Superior*. [Rio de Janeiro-Lisboa] Fundo de Cultura [1967].

PORTA, Frederico. *Dicionário de Artes Gráficas*. Porto Alegre, Globo [1958].

REGO, A. da Silva. *Lições de Metodologia e Crítica Históricas*. 2. ed. Porto, Portucalense, 1969.

REY, Luís. *Como Redigir Trabalhos Científicos*. São Paulo, Edgar Blüchner/Edusp [1972].

SALOMON, Délcio Vieira. *Como Fazer uma Monografia*. 3. ed. Belo Horizonte, Interlivros, 1973.

SALVADOR, Ângelo Domingos. *Métodos e Técnicas de Pesquisa Bibliográfica*. 2. ed. rev. e ampl. Porto Alegre, Sulina [1970].

TABORGA, Huáscar. *La Tesis de Grado. Técnica de Elaboración*. La Paz, Cochabamba, Ed. "Los Amigos del Libro", 1966.

LIVROS DE SEGISMUNDO SPINA EDITADOS PELA
ATELIÊ EDITORIAL

- *A Cultura Literária Medieval*
- *Gil Vicente – O Velho da Horta, Auto da Barca do Inferno, Farsa de Inês Pereira*
  (PREFÁCIO E NOTAS)
- *Na Madrugada das Formas Poéticas*
- *Os Lusíadas – Antologia*
  (EVANILDO BECHARA & SEGISMUNDO SPINA)

PRÓXIMO LANÇAMENTO

- *Manual de Versificação Românica Medieval*

Título	Normas Gerais para os Trabalhos de Grau
Autor	Segismundo Spina
Projeto Gráfico	Tomás B. Martins
Capa	Camila Fudissaku
Editoração Eletrônica	Aline E. Sato
	Amanda E. de Almeida
Revisão	Plinio Martins Filho
Formato	12 x 18 cm
Papel	Pólen Rustic Areia 85 g/m² (miolo)
	Cartão Supremo 250 g/m² (capa)
Número de Páginas	88
Impressão	Lis Gráfica